PHP
Special Edition

毎日が楽しい人の小さな習慣

『PHP』編集部（編）

悩んでも
落ち込んでも
大丈夫

PHP研究所

「毎日を楽しく、機嫌よく過ごしたい」
誰もがそう思っているのではないでしょうか。

でも、生活していれば、イライラもするし、心配したり、落ち込んだりすることだってあります。
ときには、外出しても、人と会っても、何をしても「楽しい」と思えない――そんな気分になることだってあるでしょう。

あれこれ思い悩むことはあるけれど、それでも引きずらずに気持ちを上手に切り替えられるようになりたい。

いいことも、苦しいことも、嫌なことも、さまざまなことが起こるけれど、それでも心はいつも穏やかでありたい。

落ち込むことはやめられないし、起こることは、どうしようもないことが多いもの。

だからこそ、「大丈夫、何とかなる」と受け入れて、自分で自分の機嫌をとれるようになりたいですね。

そんな心の余裕を持つための第一歩――大きなことではなく、小さなことから始めてみませんか。

毎日が楽しい人の小さな習慣

目次

第1部

いつも楽しそうな人、つまらなそうな人

第2部

悩みを引きずらず、毎日を楽しむコツ

第1部

いつも
楽しそうな人、
つまらなそうな人

インタビュー

感謝の心が いいことを招く

吉《よし》田《だ》 羊《よう》（女優）

「いいこと」って、何でしょうね。そうだな、私にとって「いいこと」は「羊さんが演じた役で元気をもらいました。勇気づけられました」と言ってもらえることかな。

それが今の私にとっていちばんいいことだし、うれしいことでもあります。そのために、私自身、元気にがんばろう、一所懸命《けんめい》取り組もうと、思いますしね。

根がネガティブだからこそポジティブに

このところ「ブレイクしましたね」なんて、言われることもあります。でも私、「ブレイク」っていう言葉、嫌《きら》いなんですよ。ブレイクしたら、あとは落ちるだけだから。

でも確かに、一年ほど前から、私を取り巻く環境《かんきょう》は大きく変わりました。お仕事もたくさんいただくようになりましたし。

この状況《じょうきょう》はもちろんありがたいのですが、戸惑《とまど》っている部分もあります。私自身は何も変わらないのに、メディアに取り上げていただくことも、街中《まちなか》で声をかけていただくことも増えた。うれしい反面、ほんとうに私でいいの、私なんかに注目してくれてすみません（笑）、なんて思ってしまうんです。

だから、浮《う》かれた気持ちはまったくないし、むしろ期待に応《こた》えないといけない、期待以上のお仕事をしないといけないというプレッシャーのほうがずっと大きい。今まで以上に気持ちを引き締《し》めて、意欲と向上心を持ち続けないといけないな、と思うんです。

というのも私、基本的に自分に自信がないんですよ。すばらしい俳優さんたちと共演させていただくたび、自分の下手《へた》さ加減を実感して、反省しきり。おまけに根暗《ねくら》で、グズグズしていて、それでいて目立ちたい。なんか面倒《めんどう》くさい性格（笑）。

それと、矛盾《むじゅん》するかもしれませんが、すぐ調子に乗るタイプでもあります。意識して自分を抑《おさ》えていないと、アッという間に地球から三センチくらい浮いちゃう（笑）。

だから、私の脳の中ではしょっちゅう会議が行なわれています。こうしたほうがいい？　ああしたほうがいい？　なんて脳内会議が繰り広げられているんですよ。

根本の性格はネガティブ。だからこそ、ポジティブに生きていかないといけないと思う。ただ、ネガティブという根があるからこそ、ポジティブの幹は太く強くなるのかな、とも思っています。

ご縁のおかげで、今の私がある

「自分には何もない」。そんなネガティブな思いの強い私が今、多くの仕事をいただけているのは出会いのおかげが大きいですね。多くの方々とのご縁《えん》だけで仕事している、自称《じしょう》〝ご縁女優〟なんです（笑）。

なかでも、事務所のマネージャーは私にとって、とても大きな存在です。劇団の目立たない舞台《ぶたい》女優だった私に声をかけてくれたのが今のマネージャーで、私は当時、すでに三十代でした。

映画やテレビといった映像の世界に進みたいと思って、芸能事務所のオーディションを幾《いく》つか受けてはみるものの、結果はうまくいかない。やはり、このまま舞台でがんばるか……と思っていた矢先にスカウトしていただいたから、なおさらうれしかった。

でも、すぐに仕事が入るほど、世の中、甘《あま》くはないですよね。それでも、マネージャーは私にきっぱり告げたんですよ。「女優という仕事で食べていくという覚悟《かくご》を持ってください。そのためにも、今しているアルバイトをすべてやめてくださ い。そのかわり、事務所がお金を貸します。生活費はそこから賄《まかな》ってくださ い」と。すごいですよね。

私が所属している事務所はマネージャーと私の二人だけ。私に仕事がないと、収入はゼロ。実際、収入がいっさいない月もありました。でも、不思議と焦《あせ》りはしなかったですね。マネージャーに「来月、収入ないけど、どうする?」と言われても、「大丈夫《だいじょうぶ》だよ。再来月は入るでしょ」という感じで。こういうときはポジティブになれる(笑)。

事務所に借金を完済できたのは去年の夏、ドラマの「HERO」が放映される直前。けっこう最近なんですよ。

俳優の中井貴一《なかいきいち》さんも、とってもありがたい存在ですね。ちょっとした役で私が出演していたドラマを観《み》てくれていた貴一さんは、脚本家《きゃくほんか》の三谷幸喜《みたにこうき》さんを紹介《しょうかい》してくださったりした。ほんとうに感謝しています。

そのおかげで、いろいろな仕事をさせていただけるようになりましたから。
「僕《ぼく》が見つけていなくても、誰かが見つけていたよ」といったことまでおっしゃっていたと聞いて、恐縮《きょうしゅく》しきりです。貴一さんのためにも、役者としてなんとかものにならないといけない、精進《しょうじん》しないといけない、と強く思いますね。

やらずに後悔するより、やって後悔する

お芝居《しばい》で大きな挫折《ざせつ》感を味わったことがあります。劇団時代、私が主役の舞台に出た際、観に来てくれたお客さんは全員、別の人の演技がいちばんよかったとおっしゃって。このときはさすがにショックで、お芝居はもうやめよう、と思ったほどでした。

みんなが「いちばんよかった」と言った人は私と年の近い女性で、人柄《ひとがら》がよくて、とても素敵《すてき》な方なんです。そのとき痛感したのは、演技というのは単にうま

い、下手というだけじゃないんだ、ということ。演技には人柄がにじみ出る、もっといえば、人間力が出てしまうということでした。小手先の演技では、観てくださる方の心に響《ひび》かないんだと思い知らされたのです。

その点、私はまだまだですが、それでも今は一に仕事、二にも仕事……の〝仕事が恋人〟の毎日で、少しでも納得《なっとく》のできるお芝居ができるように仕事に向き合っています。こんなだから、結婚《けっこん》できないんだなと思ったり、でも、一度は結婚したいなと思ったりしながら（笑）。

仕事に関しては、生涯《しょうがい》をかけて一つでもいいので、代表作といえるものに出合いたいですね。百パーセントの満足はできないかもしれないけれど、これだ！と思えるものをいつかは作りたい。そのためには、貪欲《どんよく》でありたいし、チャレンジし続けていきたい。

と同時に、感謝の気持ちを持ち続けていたいですね。生きていられること、食べられること、仕事があること、出会いがあること……実際、すべてのことに感謝しています。そうした感謝の気持ちを持つことも「いいこと」を招くような気がしますしね。

そして、一回きりの人生を思いきり生きたい。「やらずに後悔《こうかい》するより、やって後悔する」をモットーに。根はネガティブな私だけど（笑）、今日も明日もそうやって、前を向いて歩いていきたいですね。

【取材・文　平出浩】

吉田　羊◎福岡県生まれ。大学時代に初舞台を踏み、舞台女優としてキャリアをスタート。現在、ドラマ・舞台・CM・映画など多方面で活躍中。主な出演作は、テレビドラマ「純と愛」（NHK）、「HERO」「レディ・ダ・ヴィンチの診断」（以上、フジテレビ）、「コウノドリ」（TBS）など。

いつものやり方を少しだけ変えてみる

武《たけ》田《だ》双雲《そううん》（書道家）

朝起きてから夜寝《ね》るまで、人が一日のなかでやることには、それほど大きな差はありません。起きたら顔を洗い、歯を磨《みが》き、ご飯を食べて、学校や仕事に出かけたり、家事をしたり。仕事や買い物から帰ってきたら、夕飯を食べ、お風呂《ふろ》に入り、歯を磨いて寝る。

もちろん、人それぞれ中身は違います。ぼくなら毎日、紙の上に筆で文字を書いているだけです。ほとんどの人にとって、ほとんどの日は、ほぼ同じことの繰り返しです。予想もしない出来事が起こるとか、とてつもないサプライズがあるなんてことは滅多《めった》にない。

つまり、人が普通に生きていくということは、大いなるマンネリの日々を過ごすということなのです。

ところが、ほとんどの人が毎日同じことの繰り返しで生きているはずなのに、ある人は何かを大成し、ある人は本来の力を発揮できずに終わってしまう。ある人は毎日を喜びと感謝で生きているのに、ある人は毎日を不平不満で埋《う》め尽《つ》くしてしまう。

そこには、マンネリの毎日の過ごし方にちょっとだけ違いがあって、その積み重ねが結局大きな違いになるのだと思います。

「つまらない」なんて、もったいない

小学生のとき、友だちが「つまらない」と言うのを聞いて、驚《おどろ》きました。ぼくのなかには「つまらない」ことなんて、何一つ存在しなかったからです。

空の色も雲の形も毎日違うし、「今日最初に出会う友だちは誰だろ?」とか「なんて言うのかな?」って考えるだけでも楽しかった。

たしかに授業をじっと聞いているのは少々退屈《たいくつ》だったけれど、先生が黒板に書く字の特徴《とくちょう》を見つけたり、「消しゴムってなんで消えるんだろ?」と考えたりしながら、面白《おもしろ》おかしく過ごしました。

この世界は楽しいことを見つけようと思えばいくらでも見つけられるのに、自分で「つまらない」と決めつけるなんて、なんてもったいないんだろう、と思っていました。

大人になった今でも、この気持ちは変わりません。毎日同じことの繰り返しのように見えても、そこに何かを発見するのが楽しい。

書で同じ字を書くときも、あえて少しだけ変えてみたりします。一画目《かく》を書くとき、自分で想像していた線よりも微妙《びみょう》にずらして書いてみるのです。頭の中では「おいおい、大丈夫《だいじょうぶ》かぁ?」という声が鳴り響《ひび》きます。

バランスを考えながら二画目にチャレンジ。すると「あちゃー、そうきたか!」。三画目へと移ると「おおっ、なるほど」。その後も「うわー」「ひえー」と大盛《おおも》り上《あ》がりのうちに、一枚の書を書き終えるのです。

思いどおりにならないからこそ楽しむ

じつは、書だけでなく日常生活でも、ぼくはこれと同じことをやっています。目覚め方、歯の磨き方、服のたたみ方……。

いつものやり方を「一」とすれば、「一・〇一」にする。つまり「〇・〇一」だけ何かを変えてみるのです。「一・〇一」なら「一」とほとんど変わりませんから、たとえ失敗したとしても、あとで立て直せます。

たとえば、歯磨きをいつもと反対の手でするだけでも、気づきが生まれます。いつもより服をゆっくりとたたむことにすれば、服の形状や模様、肌触《はだざわ》りなど、今まで見逃《みのが》していたさまざまな発見があります。わずか「一・〇一」を心がけるだけで、この世界には無限の奥行《おくゆ》きがあると気づかされるのです。

「一」の三六五乗は「一」でも、「一・〇一」の三六五乗は約三八にもなります。「〇・〇一」というほんのわずかな毎日の積み重ねが、一年でこれほど大きな差になるのです。

ぼくにとって、「つまらない日」はありません。毎日が楽しい。「毎日がパラダイス」です。

もちろん、人間生きていれば毎日が楽しいことばかりじゃないことは、ぼくも知っています。苦しいことや、くじけそうになることもあります。それは、お天気といっしょで自分の力ではどうすることもできません。

だったらそれをどう楽しもうか！　ぼくはずっとその姿勢で生きてきました。

ぼくの人生の辞書には「楽」という一文字しかありません。だから、どんな出来事に遭遇《そうぐう》しても「おお、そうきたか！　ならばこっちはこう楽しんでやろう」と切り返します。

「一・〇二」も、この世界をいかようにも楽しんで受け止めるためのひと工夫なのです。

武田双雲◎1975年、熊本県生まれ。東京理科大学卒業後、NTTに入社。約3年後に書道家として独立。NHK大河ドラマ「天地人」など数々の題字を手掛ける。著書に『ポジティブの教科書』（主婦の友社）など多数ある。

楽しいとつまらないは、セットや

綾戸《あやど》智恵《ちえ》（ジャズシンガー）

毎日が楽しいと思いながらやっていたことが結果、「なんやこれ！」と、後でがっかり。と思えば、「これでええんか」。利潤《りじゅん》もでーへん苦しぃ、無駄《むだ》ちゃうか？

ところが「イヤー最高です」と、後からすごい結果が。

まぁだいたい誰や、こんなテーマ思いつくとは。暇《ひま》、暇なんか！　シマッタ、文句言い過ぎでボツにされる。スンマセン。けどここを書かないと次に行けない。

遅咲《おそざ》きのジャズシンガーと言われた私。何せ四十歳《さい》デビュー。あれから十九年！　今も音楽さしてもーて嬉《うれ》しいです。

堕ちたり、登ったり、人生は試練や

今年は還暦《かんれき》や。『楢山節考《ならやまぶしこう》』なら、子に背負われ、山に置き去りにされ。ところが、今は「おかえり」。私のほうがひと足先に帰宅！　夕飯作って待ってるでー。でも、別に高齢化《こうれいか》とか昔の六十歳より若いとか、そこ言ってるんやなく、うーんうーん。

普段《ふだん》、街で「コンサート行きました」、などと声かけてもろて嬉しいですし、多くは「元気！　ポジティブ！」と言われるんで、「おおきに」と大声で応《こた》える。でも、疲《つか》れて落ち込んでいる私を知ってる人は、私が元気でも「そんな無理せんとダラーとしとり」。私も瀕死《ひんし》の白鳥みたく「おおきに」と応える。

このバランスが大したこと無さそで、有りそで♪

もし、ずーっとステージみたいに元気印の私？　無理。

ずーっと、ぽかーんダラリンコの私？　無理。

つまり、毎日が楽しい、つまらんとかを課題や目的にせんほうがいいんちゃうかなぁ。

実は、母からこんなこと聞いた。生まれてすぐの私を抱《だ》き、「ごめん、ごめんやでー。いつかは死ぬ命、産んでしもた」。

子どもの頃、この意味がわからなくて、なんか怖《こわ》かったかな。けど今、母を見ていると少しわかる気がします。

私も母も三十二歳のとき、同じ女どうし、愛《いと》おしく、産みたくて、とここまでは同じ。けど母は、こっからがちがう。

生まれたばかりの私に、この子はこれから生きていく、辛《つら》いことが半分、いやもっとや。楽しいなんてスーッと一瞬《いっしゅん》で消えていく。堕《お》ちたり、登ったり、転げたり、起きたり。試練や、これらをあじわわせることになる。産んでもーた。生きていくとは。私に？　そして、母自身にも問いかけたんやないやろか。だって当時母は三十二歳や。

つまらんと思うことを受け入れながら生きる

私がツアーの仕事で母をデイサービスに送り、「演奏会に行ってきます」。九十一歳の母は、「待ってるよ、行ってらっしゃい」。

私が戻《もど》り、ヘルパーさんから「智恵さん行かれた後、お母様が、私は待つしかできへん。あの子は世間でもまれ、よう育った。えらい子や、と仰《おっしゃ》ってました」。

その言葉からも窺《うかが》える。生きるのに楽しいかつまらないかは、雲が白いかグレーかと論議するようなもん。

よく若い方に質問されることで、「これ合ってますか？　やって行けますか」と聞かれる。

わからへんでは愛想《あいそ》なしやし、

「わからんから押《お》してもダメなら引いてみな♪」

とか、それでもまだ聞いてくるときは盲腸《もうちょう》の話をする。

「手術の三日後に食べたお粥《かゆ》は、私の美味《おい》しいものベストに入ってる。美味しいお粥を食べる計画はなかったけど、辛い手術は確かにしたな」。だいたいこれ以上はもう聞いてこない。楽しいとつまらないは、セットや。

つい最近、母にあの話題をなげた。

「私産んだとき、ゴメンて謝《あやま》ったらしいけど、今も思てる？」

「あのときは若く不安やった。今は思てない、あんたここにおいて逝《い》ける」

そのとき私、少し自立できたかなと思ったね。自立って一人で立てることやなくて、人とかかわれる人のことやと思う。

色々なことを色々な人たちと過ごす。そこが根で楽しいと思う。つまらんと思うことを共に受け入れながら生きる。自分のこともまわりの人たちのことも、色々やなぁと受け入れる。いやー相当強ならなあかんなあ。

それにしても、医師から認知症《にんちしょう》と言われた母が、よう五十九年前のこと憶《おぼ》えて話してくれたと、びっくりです。

綾戸智恵◎1957年、大阪府生まれ。幼少の頃から音楽に囲まれて育ち、17歳で単身渡米。'91年に帰国後、ジャズヴォーカリストとして活動を開始。2019年3月東京・大阪・名古屋でライブを開催。https://www.chie-ayado.com/

同じ不安なら、新しい不安を選ぶ

森下《もりした》えみこ（イラストマンガ家）

四十代、独身、結婚《けっこん》の予定は特になし。基本、ネガティブで、自意識過剰《かじょう》、悩むことが多い人間です。

そんな私ですが、二年前に、地元の静岡から、東京に出てきました。

東京に住むことは、二十代の頃からの憧《あこが》れ。でも、これまでは、自信がなく、ずっと上京には至らずじまいでした。

それが、四十代で実現するとは……。自分でも考えてもいませんでした。

勢いが大事なときもある

子どもの頃から、マンガを描《か》くのが好きで、二十代前半で、四コママンガを女性誌に投稿《とうこう》してデビューしました。とはいえ、たまに掲載《けいさい》される程度。会社員として勤めていたこともあり、マンガ家という意識はありませんでした。やがて、その雑誌は、廃刊《はいかん》に。

その後、今から十年ほど前、三十代に入ってから、コミックエッセイを募集《ぼしゅう》する賞を、ある雑誌で見かけて応募しました。

コミックエッセイとは、自分の経験や身のまわりで起きた出来事とその感想をマンガにしたもの。その頃、少しずつ人気が出始めたジャンルでした。

結果的に賞をいただき、編集部から、「ウェブサイトで連載し、評判がよければ書籍《しょせき》にしましょう」というお話をいただきました。

当時、まだ静岡で会社に勤めていて、私はいたって普通、地味な販売員《はんばいいん》でした。こんな日常を描いて誰が読んでくれるのだろう……。

ところが意外にも、「三十代、独身、彼氏なし」の平凡《へいぼん》な毎日に共感してくださる人がいて、連載は好調、ありがたいことに書籍にもなりました。それをきっかけに描く仕事が増え、専業でやっていけるようになりました。

でも、三十代半ばを過ぎた頃から「このままでいいのかな」と思うようになって。

コミックエッセイの仕事は、そこそこ順調でしたが、何だか毎日がパッとしない。大きな悩みがあるわけではないけれど、「くすぶっている」という表現がぴったりでした。

そんなある日、東京で仕事の打ち合わせがありました。場所は西荻窪《にしおぎくぼ》。以前から憧れていて、住んでみたい街でした。

せっかくだし、ちょっと物件でも見てみようかな……。そんな気分になり、不

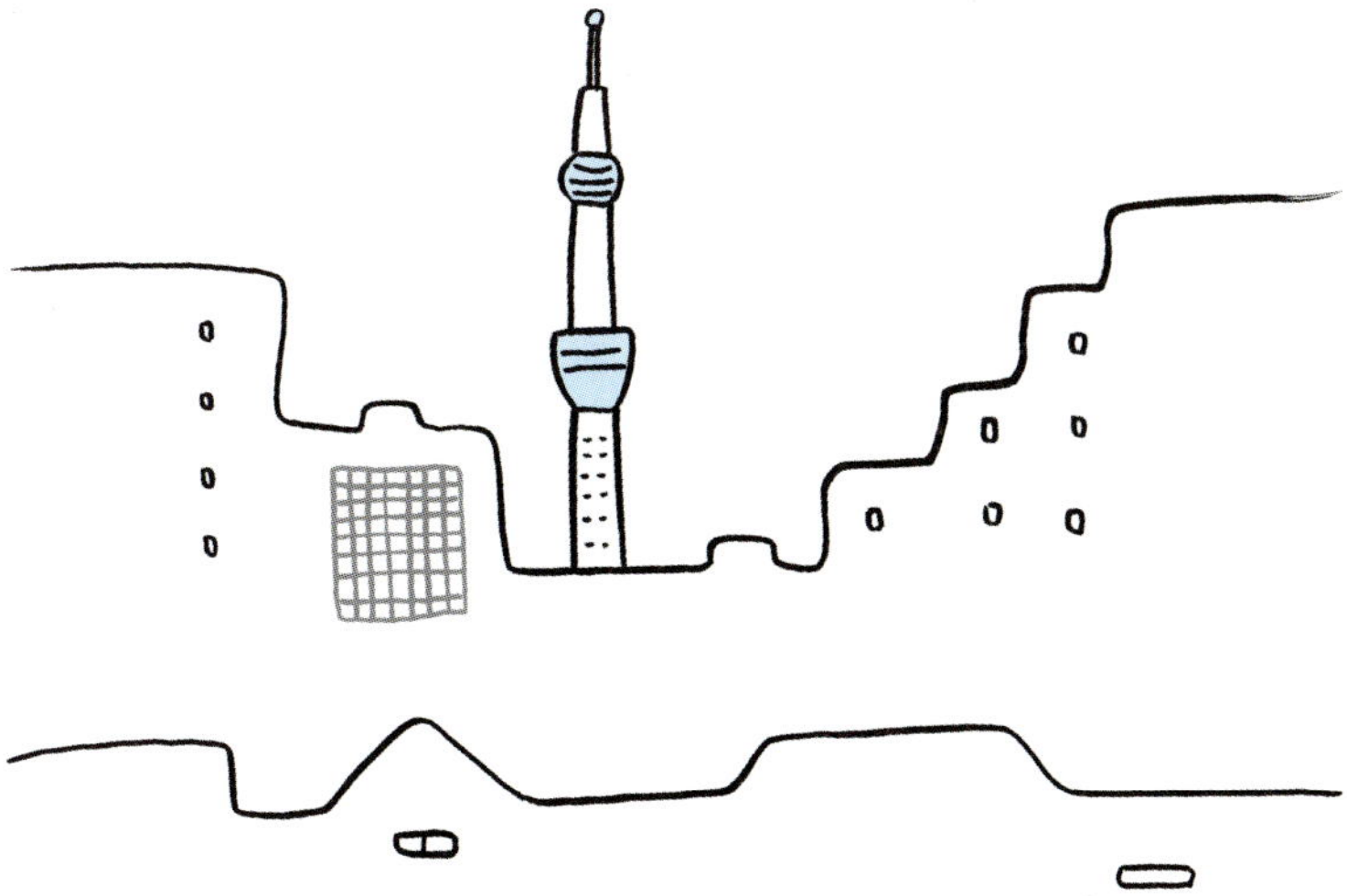

動産屋さんに寄って物件を見ることにしました。

（やっぱり東京の家賃は高い……。でも、高いけど、がんばれば払《はら》えるかな……。）

そうふと思った瞬間《しゅんかん》、勢いで、「この物件を借ります」。準備をしていたわけでもなかったので、自分でもビックリしました。

すでに四十代。二十代のような情熱はないし、「どうせ自分なんか」と考えるたちで、人生に希望を持っていたわけでもありません。ただ、毎日をもう少し楽しく過ごせたらな、というフワーッとした気持ちからでした。

実際、憧れの東京に住んで、人生がガラリと好転したわけではないんです。想像していたよりは、東京の生活は地味な毎日でした。

でも、環境《かんきょう》が変わったことで大きな気分転換《てんかん》ができた、というのでしょうか。東京には出版社が多く、仕事がしやすくなったことも、気持ちが晴れてきた要因だと思います。

思い切って場所を変えてみる

四十代での上京は、珍《めずら》しいのかもしれません。もちろん不安はあります。でも私は、「同じ不安なら、新しい不安のほうがいい」と考えているんです。同じ場所で悩んでいても煮詰《につ》まるだけ。流れを変えるには、まず場所や環境を変えることが大事だと実感しています。

引《ひ》っ越《こ》しまでいかなくても、家からちょっと外に出るだけでもいいかもしれません。実際、今でもアイデアが出ないときには散歩に出かけるのですが、気持ちの中にすーっと風が通って、かなりリフレッシュします。

今があまりうまくいってないのなら、先に進んでどうなっても大して変わらない（笑）。だったら、とりあえず前に進んでみようと。しんどさは変わらないけれど、内容は今とは違うはずなので、新鮮《しんせん》で、気分は変わります。

同じダメなら新しいほうが……なんて、どう考えても後ろ向きで褒《ほ》められたものではありませんが、ネガティブな人間なりに身についた処世術なのかもしれません。

森下えみこ◎静岡県生まれ。第4回コミックエッセイプチ大賞でデビュー。著書に、30代・独身・彼氏なしの日常を描いた「独りでできるもん」シリーズ（KADOKAWA）、『40歳になったことだし』（幻冬舎）などがある。

物事の明るい側面を見つめる

小《こ》手《で》鞠《まり》るい（作家）

「七十点も取れて、良かったね」

これは決して、人に自慢できることではないとわかっていますが、わたしはかつて、バリバリの悲観主義者でした。自分で自分の心にうっかり触れようものなら、まさにバリバリと感電してしまいそうなほどの。

不安で夜も眠れない、心配で仕事も手につかない、絶望で目の前がまっくら、葛藤《かっとう》、逡巡《しゅんじゅん》、後悔、くよくよ、うじうじ、いらいら、悶々《もんもん》、鬱々《うつうつ》、自己嫌悪……わたしにとっては、すべてが大得意、まったくありがたくない大親友の感情たちだったのです。

こんなわたしを百八十度変え、ポジティブで朗らかな、希望に満ちあふれる楽観主義者にしてくれた人生の師匠というか、教祖というか、そんな人をご紹介しましょう。

それは、わたしの夫です。

彼はアメリカ人です。二十代の頃、わたしの働いていた京都の書店に、お客としてやってきた彼と出会い、めでたく恋愛結婚をして、渡米。恋人時代から数えると、かれこれ三十年あまり、仲良く暮らしています。

夫は出会った当時も今も、筋金入りの楽観主義者。日々、眉《まゆ》をひそめて、何かに悩んでいるわたしとは対照的に、雨の日も、曇りの日も、彼の心のなかだけは毎日が晴天なのです。いったい何がそんなに楽しいのか、嬉《うれ》しいのか、朝からにこにこと、笑顔で暮らしています。

知り合ったばかりの頃、わたしはそんな夫がうらやましくてたまらず、いつか夫のようになりたいと思って、たずねてみました。

「どうしてそんなに幸せそうに生きていられるの？」

「常に物事の明るい側面を見つめているからだよ」

夫は幼い頃から、両親にそう言い聞かされて、育ってきたそうです。たとえばテストで七十点しか取れなくても、彼は「七十点も取れて、良かったね。よくがんばった。いい子だ」とほめられ、その結果、彼自身もそのように、物事をポジティブに考える癖が身についたというのです。

確かに私の場合には「七十点じゃ駄目。次は百点を取らなきゃ」と、叱《しか》られて育ってきたし、そうした自己批判的な目は、大人になってからも、わたしを苦しめ続けてきたように思います。

悩んだことも財産になる

もっと、もっと、がんばらなきゃ。やれば、できる。努力、根性、忍耐でがんばれ。

こういった考え方は、時には物事を達成する原動力にもなりますが、それが行き過ぎると、わたしのような悲観主義者をつくってしまいます。

夫はわたしに教えてくれました。

「きみは、ふたつのWを捨て去った方がいい。ひとつはWant（求める）。もうひとつはWorry（心配する）。たいていの悩みはそこから発生している。こうなりたい、これが欲しい、と、いくら求めても、うまく行かないんじゃないか、失敗するんじゃないか、と、いくら心配しても、物事の結果は同じなんだよ。だったら、その、うじうじと悩んでいる時間を、目標達成のための実践行動に使う方が有意義だろう？」

目から鱗《うろこ》が落ちたような気持ちになりました。

まずは、発想の転換。そして、そのあとは実践行動によって、その発想を支えていくことが大切なのだと気づきました。たとえば、ある人との「人間関係がうまく結べない」と悩んでいるその時間を、それが少しでも良い方向に進んでいくように、その人に「心をこめて手紙を書いてみる」といった具体的な行為に当てる、というふうに。

もちろん今でも、悲観主義者のわたしは、わたしのなかに棲《す》んでいます。ただ、長い時間をかけて、飼いならしてきたせいか、この頃では悲観主義者の「明るい側面」も見えるようになってきました。

過去にわたしが味わい尽くした悩みや葛藤は、今、書いている小説のなかで、余すところなく生かすことができます。悩んだこと、それ自体がわたしの財産になっている——と、考えることができるようになっているのです。

小手鞠るい◎1956年、岡山県生まれ。同志社大学法学部卒業。2005年、『欲しいのは、あなただけ』（新潮社）で島清恋愛文学賞を受賞。'92年からニューヨーク州に在住。近著に『アップルソング』『星ちりばめたる旗』（以上、ポプラ社）、『炎の来歴』（新潮社）など。

〝いい〟も〝悪い〟も ないんだよ

田《た》口《ぐち》弘《ぐ》願《がん》（真宗大谷派 僧侶）

「いいこと」は起こってほしいと願うし、「悪いこと」は起こってほしくないと思う。これは誰もが持っている性《さが》かもしれませんね。

しかし、私達の「いいこと」とは、「自分にとって都合のいいこと」のことです。これだけを追い求めると、人は不幸になります。なぜなら、自分にとって都合のいいことばかり起こる人生なんて、ありえないからです。

ただただ受け止め、受け入れる

そもそも起こる出来事に「いい」「悪い」はありません。たとえば、雨が降って運動会が中止になったとしましょう。運動の得意な子にとっては「悪いこと」ですが、苦手な子にとっては「いいこと」になります。運動会は大好きという子でも、その日体調がすぐれないとか、足を痛めてしまった場合は、中止が「いいこと」になるかもしれません。

以前、マンションの耐震《たいしん》構造の計算書が偽造《ぎぞう》された「耐震偽装問題」がありました。多額のローンを組んで購入《こうにゅう》した物件の安全性に根本的な問題があり、住めなくなったんですから、とんでもない出来事です。

では、購入者にとって、百パーセント悪い出来事だったんでしょうか。実際にお住まいになっている方から、こんなお話を聞いたことがあります。

「事件が起こる前までは、隣《となり》にどんな人が住んでいるのかわからず、興味もありませんでした。それが事件をきっかけに、マンション中の人と親しくなったんです。日頃《ひごろ》から声をかけ合うようになり、お互《たが》いの家を訪問し合ったり、一緒《いっしょ》に旅行に出かけたりするほどです。私達は絶対に許すことのできない事件の被害《ひがい》者ですが、あの出来事がなければ、住人が結束力を高め、お互い関心を持ち、交流を深めて助け合うこともなかったと思います」

誤解してほしくないのですが、私は「どんなにひどい目にあっても我慢《がまん》しろ」や「一見悪いことでも、考え方でいいことに変えられる」と言いたいわけではありません。実際に起こった事実を申し上げているだけです。

人は、どんなことが起こっても、それを受け止め、受け入れる力を与えられています。それなのに、「いいこと」や「悪いこと」を、勝手に作り、一喜《いっき》一憂《いちゆう》しているのです。

すべては仏さまからのプレゼント

現在の私は完全失明していますが、子どもの頃から片目が見えず、もう片方も弱視でした。そのことで随分《ずいぶん》といじめられました。物を隠《かく》されても、殴《なぐ》られても、見えないので誰がやったかわかりません。屈辱《くつじょく》の毎日でした。

それでも何とか持ちこたえられたのは、「オレをバカにした奴《やつ》らを必ず負かすんだ」と強く決意していたからです。当時の私は、勝つか負けるかしか頭にありませんでした。ケンカやスポーツでは勝ち目はない。だから私は猛《もう》勉強しました。そして見事難関高校に合格。もはや私をバカにする者など誰もいません。皆に賞賛され、私は得意満面でした。

しかし、ほどなくその鼻をへし折られます。背伸《せの》びしてやっと入った高校の授業に、ついていけなくなったんです。勉強だけが人に勝てる要素だったのに、そ

ました。

「こんなはずじゃなかった……」。私は挫折《ざせつ》感で、どん底まで落ち込んでしまいました。

どこにも居場所がなく、子供の頃の遊び場だったお寺の境内《けいだい》をうろついていたら、ご住職が声をかけてくれました。「どうしたんだ」。

私は言いました。「つらいことばかりです。もう自殺したい」。すると、ご住職は笑って「おまえは弱虫だ。オレと同じだな」と。そして、続けてこう言われたんです。

「オレも人生で嫌《いや》なことがあると逃《に》げたくなる。そんなオレでもここまで生きてこられたのは、今のお師匠《ししょう》様に出会えたからだ。どうだ、一緒にお師匠様のところに行かないか」

これが、仏教の道に入るきっかけでした。以来、三十数年、僧侶《そうりょ》として歩み続

け、現在では東京・四谷《よつや》で「東京坊主《ぼうず》ＢＡＲ」のオーナーを務めつつ、法話講師として様々な場で布教活動をさせていただいております。

いじめに遭《あ》ったことも、挫折して死にたくなったことも、当時の私には、「悪いこと」でした。しかし、これらの出来事がなければ、今ここに私はいなかったでしょうね。

それを考えると、いいことも悪いことも、自分に起こることはすべて仏さまからのプレゼントだと、私には思えるんです。

でも、苦しみのさなかにいる人に、「仏さまからのプレゼント」なんて言ったら、「ふざけるな！」と、どなられるかもしれません。

それは仕方のないことです。今はわからなくても、この出来事が自分にとって宝物になる日は必ず来ると信じられればいい。それは、焦《あせ》らずに「今のあなたにできることをやればいい」ということです。「つらすぎて何もできない」とおっしゃる方でも、つらい状況《じょうきょう》のなかでしかできないことが、必ずあります。

焦らず、比べず、あきらめず

人は評価されるために生まれてきたのでしょうか。人に勝つために生まれてきたのでしょうか。違いますよね。勝つか負けるかでしか人生を測れなかった私は、仏教と出会い、人生には勝ち負けがないことを学びました。

そもそも、人の本質を比べることはできないのです。比較《ひかく》できるのは、背の高さや試験の点数、貯金の額といった数値化できるものだけです。これらは人間の表面のどこか一部を切り取った「条件」にすぎません。

いいことも悪いことも、「さあ、おまえはどうする?」という、仏さまからの問いかけなのです。だから、私たちはそれに対して精いっぱい応《こた》えていけばいいんです。あきらめず、投げ出さずに、与えていただいた人生を尽《つ》くしていけばいいんです。

「こんなにがんばったのに、いい結果が出なかった」と嘆《なげ》く人も多いですよね。でも、結果は私たちの努力だけで出るものではありません。その時々のご縁《えん》によって、いくらでも変わりますよ。私たちは、今自分ができることに力を尽くすだけでいいんです。

ありえないことですが、自分に都合のいいことだけが起こってくれたら、どんなに能力のない人でも生きていけるでしょう。反対に、苦しいことやつらいことがたくさん起こっていても、ちゃんと生きているあなたは、それだけでもすごい力を与えられた存在なんです。

田口弘願◎1961年生まれ。小・中学校時代にいじめを受ける。見返すために猛勉強するも挫折。生に絶望したときに仏教に出会い、高校卒業後、京都の大谷専修学院で学ぶ。20歳で僧侶となり、大谷派寺院に勤務するが完全失明し退職。東京・四谷にある「東京坊主BAR」のオーナーを務める。2017年、逝去。

うまくいかないときの心の持ち方

石《いし》原《はら》加《か》受《ず》子《こ》（心理カウンセラー）

毎日を楽しそうに生きている人は、私たちと、特別に違った生き方をしているというわけではありません。ごく普通の生活をしています。

いったいどこが違うのでしょうか。一つは、毎日を楽しそうに生きている人は、同じ出来事をプラスに解釈できる分量がはるかに多いという点でしょう。プラスの解釈に気づけるかどうかなのです。

落ち込むのは当たり前だと思う

物事がうまくいかないときは、誰でも落ち込みます。ごく当たり前のことなのですが、その〝落ち込み〟を、「落ち込んではいけない」と否定する人が少なくありません。そして、「落ち込まないためには、どうすればいいか」などと考えて、さらに悩みを増やしていくのです。

その発想そのものが、すでに間違っています。そんな考え方をすれば、余計に落ち込んでいくだけでしょう。こんなとき、楽しく生きている人は、「誰だって、落ち込むのは当たり前」と、自分の状態を素直に受け入れることができます。

自分の状態を否定しないで、そのままの自分を受け入れることができると、少しずつ落ち込み方が軽くなってきます。そうすることで、立ち直りや切り替えが早くなるのです。

優しい言葉を自分にかける

うまくいかないときは、当然ながら、焦りや不安、恐れといったマイナス感情が起こります。

このとき、そのマイナス感情に囚《とら》われてしまうと、

「このまま変わらなかったら、どうしよう。これでうまくいかなかったら、もっと悪くなるかもしれない。これで失敗したら、もう後がない」

などと、とりとめもなくマイナス思考を膨らましては、苦労の種を拾っていきます。

こんなときは、

「ああ、そうか、そうか。私は今、つらいんだね」

「ああ今、私は悲しいんだ」

「そうだね。私は今、精神的に疲れているんだね」

というふうに、人を慰《なぐさ》めるように、人をいたわるように、その言葉を自分に投げかけましょう。楽しそうに生きている人は、こんなふうに〝自分を大事にする〟言葉をたくさん遣っています。

自分を責めない

楽しそうに生きている人は、むやみに自分を責めたりもしません。

「私が悪い。私は駄目だ。いつも私はうまくいかない」

と繰り返し呟《つぶや》いてみてください。どんな気持ちがするでしょうか。すべてが無理だという気分になって、何もしたくなくなっていきませんか。

心理的には、自分を責めれば責めるほど、自信をなくして行動できなくなっていきます。

こんなときは、

「この課題や問題を解決するために、私はどう行動しようか」

という言葉を呟いてみましょう。心の中に、何となく明るい希望が湧《わ》いてきませんか。この言葉の呟きが重要なのです。

自分を責めると、気持ちが過去へ過去へと向かいます。反対に、「私はどう行動するか」という発想は、未来へと向かいます。

さらにそれが、

「できないことは、できるようにすればいいんだ」

「できなければ、できるまで何度でも挑戦すればいいんだ」

というような肯定的な発想へと拡《ひろ》がっていくのです。

*

大きな視点で言うと、多くの場合、一つの出来事の中には、マイナスとプラスの両面の要素が含まれています。

物事がうまくいかないとあなたが悩んでいるとき、それは実は、将来「うまくいく」ために必要なことかもしれないのです。ですから「今、できることから始めよう。できるところから改善していこう」というふうに考えてみましょう。

毎日を楽しく過ごせるかどうかは、こうした考え方ができるかで大きく違ってくるのです。

石原加受子◎心理相談研究所オールイズワン代表。「思考・感情・五感・イメージ・呼吸・声」などトータルに考えた独自の心理学で人気がある。著書に『もっと自分中心でうまくいく』（こう書房）他多数。

第2部

悩みを
引きずらず、
毎日を楽しむコツ

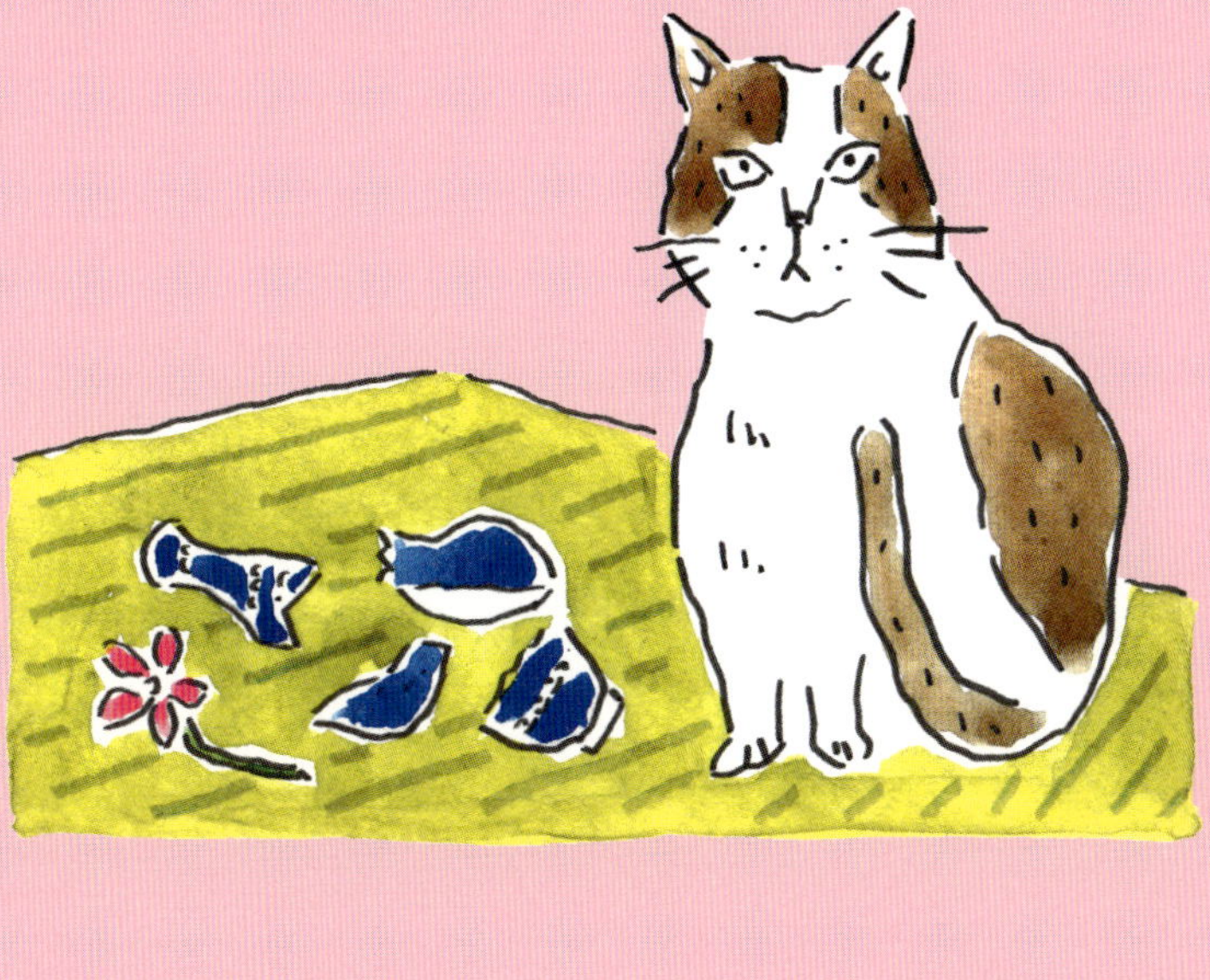

喜びも悲しみも俳句に変える

夏井《なつい》いつき（俳人）

俳句は簡単なつくり方があって、そのコツさえ覚えてしまえば、人生に起こるあらゆるものが句材になるんです。

いろんなことが起これば起こるほど、俳句の「種」が増える。そう思えばすごく得した感がありますよね。

イヤな感情だって俳句に込めていい

私は昔、車を運転中に後ろから追突《ついとつ》されて、車ごと横転したことがありました。気がつくと助手席の窓が天井《てんじょう》の位置になっていて、そこから野次馬《やじうま》の顔が次々とのぞいてくるんです。「生きてる、生きてる」とか言って。

窓から星空が見えているし、近くでは通りがかりのおじさんが、旗を振《ふ》って交通整理を始めたらしいし、救急車も近づいてくる。

「ああ、こんな体験、望んでもできないから、絶対に記憶《きおく》に焼き付けておこう」。そう思ったら、こんな句ができてしまいました。

「指で○《まる》作りてわらう星月夜」

俳句って、すごく悲しい経験やつらいことがあっても、それを言葉にして外に出すことで、大変さや心の痛みも昇華《しょうか》できる。そんな不思議な効果があるんです。

悲しみや憎《にく》しみ、自分をさいなむような感情が、大きな塊《かたまり》となって胸の中でぐるぐる回って、どうにもならないときもあります。そういう感情が一発で消えることはありません。

でも、ぐるぐる回っているその一番端《はし》っこの小さな薄《うす》いパーツから、一枚ずつ薄皮をはがすように、言葉にして吐《は》き出していくと、胸に抱《かか》えた大きなものが、すーっと減っていく。それで楽になっていくこともあります。

感情を言葉にするというと、みなさん、罵詈雑言《ばりぞうごん》を連想するかもしれませんね。でもそんなことをしたら、よけいに憎しみや悲しみを反芻《はんすう》して心が痛くなるだけです。

俳句はたったの十七音しかありませんから、赤裸々《せきらら》な感情を短い言葉や季語に託《たく》して表現します。するとある言葉を思いついた瞬間《しゅんかん》、ポーンと感情を吐き出せた、と感じることがあるんです。俳句に謎解《なぞと》きみたいなところがあるのは、自分の思いを、自分にしかわからない言葉にして吐き出しているからです。

句会に出ると、自分が吐き出したその句を、皆《みな》さんがほめてくださる。本当は腹が立つ上司への憎しみを詠《よ》んだのに、「恋愛の句ですか。うらやましいわ」などといわれると、可笑《おか》しくて笑ってしまいます。

解釈《かいしゃく》は人によってそれぞれ。そこも文学作品としての俳句の面白《おもしろ》さだと思います。

詠む楽しさを、もっと伝えたい

私は大学を卒業後の八年間、中学校の教師をして、その後俳人に転身しました。教員時代に結婚《けっこん》して、一男一女の子どもにも恵《めぐ》まれましたが、いろいろな家庭事情があって、三十代後半で離婚《りこん》しました。

教員を辞《や》め俳句で食っていくと豪語《ごうご》し、退職したあとでのまさかの離婚。二人の子どもと私の母を抱えて、自分の力でどうやって生きていくんだ、と思ったこともあります。

世間的に見たら本当に悲惨《ひさん》な状況だったかもしれません。でも、俳句があったからこそ自分を保つことができたんだと思います。

どんなことも俳句の種に変えられると思うと、自分を客観的に見られるんですね。「あ、この人、スケジュール表、真っ白だわ。大変だねえ」みたいに。もう一人の自分が自分を見て茶化して俳句にしてしまうと、悲しみに溺《おぼ》れなくて済みます。

私自身、俳句があったから、前に進めました。引きこもりだった人が俳句を始め、句会に参加して、そこで社会に出る一歩をつかんだ例もあります。

そうやって俳句で助けられた方はそれをまた、次の方に伝えたくなるんですね。俳句という方法でつらさを吐き出せますよ、と。ある人が俳句を「温かい小石」と表現してくれたことがあります。

心が冷えて震《ふる》えているときに、おひさまにあたった温かい小石を「おひとつどうぞ」と渡《わた》してあげる。まるで手の中に置かれた温かい小石のように、心の中がぽっと温まります。

どんなときでも人生を楽しいものに変えてくれるのが、俳句の魅力《みりょく》ではないでしょうか。

夏井いつき◎1957年生まれ。愛媛県松山市在住。8年間の中学校国語教諭の後、俳人へ転身。俳句集団「いつき組」組長。創作活動に加え、俳句の授業「句会ライブ」で全国をまわるなど、幅広く活動している。TBS系列「プレバト!!」の俳句コーナーにも出演中。

欲張らないとラクになる

毒蝮《どくまむし》三《さん》太夫《だゆう》（タレント）

長屋育ちで身につけたもの

毎日、お店や商店街、会社、工場などに出かけては、集まってくれた人たちとトークを繰り広げる番組「毒蝮三太夫のミュージックプレゼント」（ＴＢＳラジオ）も、今年で五十年。毒舌なのによく続けられたもんだと自分でも感心する

よ。お年寄りを、平気で「ジジイ」「ババア」などと呼ぶのは俺《おれ》ぐらいだろうが、別に、毒舌を狙《ねら》った訳じゃあないんだな。実際、俺が育った浅草の竜泉《りゅうせん》あたりだと、それが普通の挨拶《あいさつ》だったんだ。

俺は、品川に生まれ、浅草に育った江戸っ子のはしくれだ。親父《おやじ》は腕《うで》の立つ大工だったが、生活は苦しかったな。家の前の質屋に、お袋《ふくろ》がよく駆《か》け込んでいたのを覚えているんだ。でも、貧乏《びんぼう》は苦じゃなかった。

住んでいたのは長屋だった。夕方

になって戸を開けると、お隣《となり》からいいにおいがぷーんと漂《ただよ》ってくる。それで今日はおかずがなくてもいいとわかっちゃう。お隣がお裾《すそ》分《わ》けを持ってきてくれるってわけだ。お米がなけりゃ、ちょっと近所に借りに行くのもしょっちゅうだったね。

隣近所はお互《たが》いに筒抜《つつぬ》けだったから、病気で寝《ね》ていれば、誰かが見舞《みま》いに来てくれる。何かおいしいものが手に入ったら、一つのものは二つに、二つのものは四つにと、みんなで分け合う。助けたり助け合ったりするのが当たり前の世界だったんだ。だから寂《さび》しがらないし、欲しがらないってのが性格になっちゃっているんだよね。

そういえばお袋が、「人のお世話にならぬよう、人のお世話をするように」とよく言っていた。自分が元気なんだったら、そうじゃない人を元気づけてあげなさい、ということなんだ。

昔から江戸っ子の条件といわれるのが、物(財産)を残さない、出世を望まない、悩まないの三つ。そんな環境で育った俺だから、「落ち込む」っていうのがわからないんだな。

ほら、天気が悪いだけでも気分が落ち込んじゃう人がいるだろ。でも江戸っ子はそんなことでは悩まない。雨が降ったら、雨降って地固まるっていうじゃないか、と言っておしまい。そういえば、立川談志《たてかわだんし》は、噺《はなし》が受けないときは観客のせいにし、受けているときは、自分はすごい芸人だと自慢《じまん》していたな。要は捉《とら》え方次第《しだい》だよ。自分がいいように解釈《かいしゃく》して面白《おもしろ》がっちゃえばいいんだ。

七割失敗で上々

俺、よく野球にたとえて話をするんだけど、バッターで打率三割を打てるのは、一流選手。十回のうち三回ヒットなら御《おん》の字《じ》だけど、逆に言えば十回のうち七回は凡退《ぼんたい》なんだ。

人生もそう考えたらいいんじゃないか。どんなことでも七割失敗するのが当たり前。三日のうち一日がよければ、残り二日が最悪でも上々だ。

俺の親父は、よく「一升瓶《いっしょうびん》に、一升五合は詰《つ》まらない」と言っていた。そのときは、当たり前じゃないか、ぐらいにしか思っていなかったけど、今になってその意味がとてもよく分かるんだ。

要するに、欲張らないで、身の丈《たけ》に合った生活をすればいい。自分に与《あた》えられた役目を楽しんで全うすればいい。たとえば俺は芸能人だから、人様に喜びや笑いや楽しみを提供するのが仕事。人それぞれの仕事の本分を果たしさえすれば、それでいいというわけだ。

そう思ったら、気持ちがとってもラクになるし、生きていることが楽しい。世の中で役割を与えられていることを、心からありがたく感じるんじゃないかな。やるべきことをやらないで文句言ったりするから、落ち込んじゃうんだ。欲張らないで生きる、ってとても素敵《すてき》な生き方だと思うな。

俺は、いろんなところで毒舌を吐《は》いているが、ふざけたことは一度もない。本気でしっかりとお年寄りの話を聞きながら、相手に面白がってもらい、俺も元気をもらっているんだ。与えられた役割に本気で向き合って楽しむ、そんな一瞬《いっしゅん》を重ねていたら五十年になったってわけだ。

俺も今、八十二歳《さい》。結局好きだから、この歳《とし》まで仕事を続けているんだろうな。これからも毎日、できるところまで頑張《がんば》ってみるよ。

毒蝮三太夫◎1936年、東京都生まれ。12歳の時、舞台「鐘の鳴る丘」でデビュー。「ウルトラマン」（TBS）などに出演。「毒蝮三太夫のミュージックプレゼント」（TBSラジオ）は、50年続く人気長寿番組。聖徳大学客員教授も務める。

こまめに気持ちのリセットを

赤江《あかえ》珠緒《たまお》
（フリーアナウンサー）

テレビとラジオ、二足のわらじ

テレビ朝日さんで朝のニュース番組をやらせていただくようになってから、すっかり朝が早くなりました。気がつけば、朝型生活で十一年を過ごしてきたことになります。そんな中でスタートしたラジオのお昼の生放送も、三年目に入りま

した。朝の帯番組と昼の帯番組。日々、時間に追われて、自転車操《そう》業《ぎょう》のような感じです。
　朝は六時前にスタジオに入るのですが、正直、毎朝のように「二度寝《ね》したい」と思います。それでも毎日出て行くのは、ひたすら責任感から。仕事と思えば辛《つら》くても頑張《がんば》れますし、自分への戒《いまし》めにもなります。
ただ、その余波なのか、仕事以外では約束事を忘れちゃったり、なんていうことも。なんでもやろうと思ったことは、仕事にしてしまったほうができる体質みたいです。

朝の硬いニュースと反対に、ラジオはゆるい雰囲気《ふんいき》で、テンションがまったく違います。ですから、テレビの私を見てからラジオを聴《き》いてくださった方は驚《おどろ》かれますね。

ラジオを始めたばかりの頃は、気持ちを切り替えるために、意識的に服装を変えていました。テレビの仕事との合間は一時間くらいしかなく、着替える必要はないのですが、たとえばジャケットを着たままでラジオに行くと、なんとなく緊《きん》張《ちょう》しますし、周りもかしこまってしまう。逆に少しくだけた格好だと、自分自身も楽ですし、周りもリラックスしてくださるんです。そうやってどんどんカジュアルにしていった結果、今では「ファッションモンスター」なんて言われています。

そうやって演出はしていますが、テレビもラジオも、素《す》の私であることに変わりはありません。人間ですからいろいろな面があり、その場で求められる役割に合わせてどの部分を出すかということだけで、本質的な軸《じく》の部分は何をしても変わらない。テレビでもラジオでも、その瞬間《しゅんかん》に感じたことを、言葉を選んでしゃべるだけです。そういう意味では、結局どちらも自分なんですね。ただ、ラジオによって求められる役割が広がったことで、本来の自分により近い感じになれて、ニュースだけだった時よりも楽にはなりました。

時には虫目線で

普段《ふだん》はあまりストレスをためないほうだと思います。小さい頃は、わりと感受性が強くて敏感《びんかん》な子どもでしたが、だんだん摩耗《まもう》してくるというか……。歳《とし》を取るほど、ストレスに対しての耐久性《たいきゅうせい》が増したように感じます。

すごく落ち込むこともありますが、その時間は短いです。プールの底にバーンとついたらすぐ上がる、みたいな。一気に底まで行って、猛烈《もうれつ》に反省して、これぐらい落ち込んだらまあいいだろうというところで上がってくる。逆に言えば、底まで行かないと戻《もど》ってこられません。

もともと、得心がいかないと次に切り替えられない性格で、腹が立ったり、喧《けん》嘩《か》をしたりした時も、納得《なっとく》するまで話さないと気がすまないんです。仕事でも、納得しなければ言葉にします。潜《もぐ》ったままだとしんどくなってしまうけれど、言い切って、納得した、伝えられたと思えば、そこから上がってこられます。納得していないなら、せめて「していない」と伝えるだけでもスッキリしますよね。

それでも毎日の生放送では、どうしても気持ちの波がありますから、なるべく、常にニュートラルな状態に戻れるように、自分の気持ちを保つようにしています。

気持ちをリセットするために、週に一度くらいは、緑とか土とか川とか、ちょっとした自然に触《ふ》れています。虫を触《さわ》ったり、蟻《あり》をじっと見ているだけでも和《なご》みますね。

私、虫目線になるのが好きなんです。世の中にはいろんな生き物がいて、自分が悩んでいるこの瞬間にも、どこかで一生懸命《けんめい》生きている木や虫や動物がいる。そんな地球の「ライフ」みたいなことを考えると、自分の悩みなんてちっぽけに思えてくるんですよね。

蟻が歩いている。そこに感情移入してみるだけで、また違った世界が見えてきます。そういうことを考えるだけでも、毎日楽しく過ごしていられます。

赤江珠緒◎1975年生まれ。ABCに所属し、関東・関西でキャスターをつとめたのちフリーに。「モーニングバード!」（テレビ朝日）の司会、「たまむすび」（TBSラジオ）のパーソナリティーとして幅広い人気を得る。

「この世は苦」が仏教の基本

勝本《かつもと》華蓮《かれん》（尼僧）

出家することに迷いはなかった

「それにしても、思い切りがいいですね」

三十代の若さでそれまでの生活一切を捨てて出家したと聞くと、人はよくそう言う。

私は出家前、大阪で企画《きかく》デザインの会社をやっていた。そういう仕事につきたいと思ったのは中学生の時である。それで高校卒業後はデザイン学校に進み、そこを出ると小さなスタジオに勤め、何度か転職した。最後の会社ではディレクターの肩書《かたが》きもつき、リッチな独身生活を楽しんだ。でも人間関係には悩まされ、とうとう上司と衝突《しょうとつ》。それでふんぎりをつけ、二十八歳《さい》で独立。のちに法人化し、マンションも購入《こうにゅう》。順風満帆《まんぱん》だった。でもなぜかそれが一生続くとは思わなかった。

ある日、仕事先で一人の神通力者と会った。その時、私の背後にビューと血しぶきが飛び散る光景が見えたらしい。その人は前世について語り始めた。私は二十四歳の時、仕事で行ったハワイの海岸で、空港で買った本を読み、前世はあると強く思った経験があったから、その話はストンと腑《ふ》に落ちた。勧《すす》められるまま、その人の先生である「在家のお坊《ぼう》さん」にも会った。会った瞬間《しゅんかん》、「本物の宗教者だ」と直感した。と同時に懐《なつ》かしさもおぼえた。先生がされたのは阿弥陀《あみだ》仏《ぶつ》の救済の話だった。以後、私の生活は一変した。

仏教書を読み、瞑想《めいそう》する、自己流の修行を始めた。瞑想中に不思議な金色の映像（親鸞聖人《しんらんしょうにん》？）を観たこともあり、ますます瞑想にのめり込《こ》んだ。仕事はそっちのけ。私は仏教で生きるべきだという思いが募《つの》り、ついに会社をたたんで、比叡山麓《ひえいさんろく》に引《ひ》っ越《こ》した。なんのアテもないまま、知人もいない土地に。

言われてみれば、たしかに大胆《だいたん》なことをしたなぁと思うが、迷いはなかった。もっと価値あることに人生を賭《か》けようと思ったのだ。

楽と苦はワンセット

それから近所の叡山学院と佛教《ぶっきょう》大学とかけもちで本格的に勉強を始めた。その年の学院の修学旅行に参加し、一人の尼僧《にそう》さんと知り合った。そのご縁《えん》で京都青蓮院門跡《しょうれんいんもんぜき》で得度《とくど》することに。頭を丸め、晴れて天台《てんだい》宗の尼僧となり、比叡山

の行院《ぎょういん》で修行もした。

ところがその後、さんざん迷ったあげく、他宗の尼寺《あまでら》に移り住んだ。そこで体も心もクタクタになって「お寺から出家」。学問で生きよう。それしか道はないと腹を決めた。

初期仏教の原典を読むには古代インド語の習得が不可欠なので、まず聴講生《ちょうこうせい》で学び、受験勉強して、四十歳で京大大学院に入学。念願の仏教学者になった。さらに研究論文だけでなく一般書も書くようになった。

本を書くのは、仏門に入る頃からの夢だった。得度前に師僧《しそう》から将来の希望を尋《たず》ねられ、「お寺をもちたいのではなく、仏教の本が書きたいんです」と答えた。お釈迦《しゃか》様の時代、弟子《でし》の役目は教えを人々に説くことだった。だから私もそれが使命と思っている。

今や夢が現実。「思い通り」になった。でも「私の」思いじゃなく、何か見えざる大きな力に導かれている気がする。そう思うからこそ、先の見通しもない常識外れの道を選んだ。一所懸命《けんめい》努力すれば、潜在《せんざい》している力も出る、神仏の応援《おうえん》もある、と信じて。

で、結果オーライ、だったわけだが、その道は決して平坦《へいたん》ではなかった。「なんで私がこんな目に……」と天を仰《あお》いで恨《うら》みたくなることも。でも、あの人、あの事、あの言葉がなかったら、今の私はない。それは後でわかった。背中を押《お》してくれたのだと、感謝している。

「今、楽しい？」自問してみる。「どっちともいえない」が答え。楽しいとかの感覚は長続きはしない。それに楽と苦はワンセットなので、楽を求めると苦がついてくる。楽と苦、幸不幸は、過去と現在、他人と自分を比較《ひかく》して妄想《もうそう》しているだけで、主観的・相対的なものだ。この世のものはすべて変化するから、何かに執着《しゅうじゃく》すると苦が生まれる。「この世は苦」が仏教の基本。「そうだ。もともと苦なんだ」と基準を下げると、プラス面が見えて、心がうんと軽くなりますよ（これ私の経験）。

勝本華蓮◎1955年、大阪府生まれ。デザインの仕事に携わるが、'91年、天台宗青蓮院門跡にて得度。京都大学大学院博士課程単位取得退学。博士（文学）。専攻はパーリ仏教。東方学院講師。著書に、『尼さんはつらいよ』（新潮新書）など。

あきらめるチカラ

森《もり》 浩美《ひろみ》（作詞家）

夢は「四十歳で隠居生活」だった

とにかく、あきらめることだ。これは「捨てる」「逃《に》げる」ということではない。「しょうがないよな」と覚悟《かくご》を決める、あるいは「受け入れる」ということ。今の流行《はや》り的に言えば「あきらめるチカラ」とでもいうのだろう。

端《はた》から見ると、私は仕事人間に映るようだ。だが、決してそうではない。仕事……文章を書くことは、まずは生きていく手段なのだ。つまりは食うためであり、家族を養うためである。作家だ、クリエーターだ、と気取ってはみても、空腹には勝てない。できれば一日でも早く、仕事から解放されたいと願っている。なので、仕事をしていて、あんまり楽しいと思ったことはない。

かつての夢は、ある程度貯金を溜《た》め込《こ》み、四十歳《さい》でリタイアし、軽井沢《かるいざわ》で隠居《いんきょ》生活することだった。たとえるなら、小型版大橋巨泉《おおはしきょせん》になりたかったのだ。その年齢《ねんれい》では早過ぎると言われたこともあるが、余力を残してリタイアすることに意味がある。しかし、経済的に望み叶《かな》わず。ならば、宝くじで一攫千金《いっかくせんきん》というのはどうだ。「当たったら明日から仕事しないんだけどなあ」と、年に数回、ジャンボ宝くじを買う。結果は、今もこうして原稿《げんこう》を書いているわけだから、今のところ不発である。なので「神様が、お前はちゃんと原稿を書いて食べていきなさいと言ってるんだな」と、パソコン画面と向き合う。

小型巨泉にもなれず、宝くじも当たらないとなれば、残る道は、コツコツと働き続けることしかない。

「売れなくなったらどうしよう」

実は、作詞は三時間もあれば一本書けた。持ち味の瞬発力《しゅんぱつりょく》が使えたからだ。さらっとできた方が出来映《できば》えはよく、またヒットした。ダラダラと時間のかかった作品はまず売れなかった。作詞家としてはスランプに陥《おちい》ったことはない。ならば、詞だけ書いていればよいではないかという話になるが、ミリオンセラーを連発している最中でも「こんなことが続くはずがない」「売れなくなったらどうする？」と、常に不安につきまとわれた。私はとても臆病《おくびょう》なのだ。だから、あれこれと他《ほか》のことに手を出し、忙《いそが》しさが増す。このあたりが仕事人間に間違《まちが》われる一因なのかもしれない。でも、不安があるなら「備え」が必要だという考え方だ。

ところが、その備えのつもりの小説を書き始めて、辛《つら》さを味わう。なにせ作詞とは分量が違う。短編だとしても、ひと晩で書き上げるなど、私には無理だからだ。締《し》め切《き》りが近づいてくると吐《は》き気《け》がするくらい具合が悪くなる。と、物語より、書けない言い訳を考え始める。「体調不良により休載《きゅうさい》とするか」「いやいや、連載に穴《あな》をあけるわけにはいかない」そういう思いのせめぎ合いだ。だが、他人様《ひとさま》の目を気にするタイプなので、ええかっこしいをした

い。その思いが、最後に踏《ふ》み止《とど》まらせる。

しかもフリーランスに代打は通用しない。打席に立てなくなれば、そこで終わり。立てたとしても、適時打を打てなければお払《はら》い箱《ばこ》だ。

小さなご褒美を楽しみに

「じゃあ、自分が頑張るしかないじゃないか」「眠《ねむ》くてもしようがないだろう、面倒《めんどう》だけどしようがないだろう」と、気持ちを切《き》り替《か》える。そうやってずっと、必死に、後ろ向きに猛《もう》ダッシュを繰り返してきたようなものだ。

生きていれば明日はきてしまう。死んでしまうわけにはいかない。いや、まだまだ死にたくはない。だとすれば、やらねばならない。

それに、辛いことが多いとはいえ、まったく楽しいことがないわけではない。

「よし、これが終わったら近所の温泉に行こう」「これをやっつけたらマッサージに行こう」といった小さなご褒美《ほうび》を自分の鼻先にぶらさげてやる。それで充分《じゅうぶん》しあわせではないか……。

世の中には「仕事」の他にも「家族」やら「人間関係」やらと、下ろすに下ろせない面倒な荷物がある。相田《あいだ》みつをさんではないが「だって仕事なんだもん」「だって家族なんだもん」の境地だ。

改めて言うが、私は努力も苦労も頑張りも嫌いである。でも、しようがないじゃない。だから、頑張ってみましょうよ。そんな「あきらめるチカラ」を身につけた私は、案外、しぶといかもしれない。

森 浩美◎1960年、群馬県生まれ。放送作家を経て作詞家として活動。SMAP「青いイナズマ」「Shake」「ダイナマイト」、KinKi Kids「愛されるより愛したい」等のミリオンセラーがあり、作品総数は700曲を超える。家族をテーマにした小説も人気で、著書に『家族往来』(双葉社)等がある。

「引きずらない」人になる

高濱正伸《たかはままさのぶ》
（花まる学習会代表）

落ち込んだら日記を書いてみる

悩んだり、落ち込んだりすることは、誰にもあります。そんなときは心がモヤモヤしてすべてがイヤになります。でも、簡単に克服《こくふく》できる方法があります。日記を書くことです。何に悩んでいるのか、なぜ落ち込んでいるのか、言葉にしてみると、ドロドロした心の底が冷静に見えてきて、すっきりするものです。

私は十二歳《さい》のときに日記を書き始めました。思春期ですから、好きな女の子が誰かに声をかけているのを見ただけで、苦しくなる。家では父親がなぜか、長男の私ではなく次男ばかり可愛《かわい》がり悩む。でも、日記を書くと、自分のことを「嫉《しっ》妬《と》深いんだな」「こんなことで悩んでいたのか」と外からみられる。するとモヤが晴れて気が楽になります。書くことで悩みを克服する方法を身につけました。

今はブログやツイッターもあります。でも、それは他人に見せるものなので、ついカッコウをつけてしまう。自分のドロドロした気持ち、ほんとうの心の奥底《おくそこ》まではさらけ出せない。誰にも見られない日記を書くのが一番です。

自慢《じまん》ではありませんが、私はスポーツマンだった中学・高校時代からいつもモテていました。ところが、三十をすぎて初めて失恋しました。フリーの講師だったとき、心を奪《うば》われた超《ちょう》美人にみごとにふられたのです。失恋に対する免疫《めんえき》がなかったので、どん底に落ちて引きずり、完全にウツ状態になりました。

立ち直るためにとった方法は、少年時代に身につけた「書く」ことでした。このつらい体験をネタにして文章を必死に書きまくり、プラスに転じて復活できました。後日談になりますが、去年その女性からフェイスブックにメッセージが届きました。「お久しぶり。頑張《がんば》っていますね。私は道を間違《まちが》えたのかしら」との言葉に、「やったあ！」と思わず飛び上がったほどです。

理屈ばかり振り回していた

失恋しても、何を失っても、どんな不運があっても、それは「ゼロから出発できる」ということ。過ぎたこと、失ったことにずっと引きずられるのではなく、「ゼロから面白《おもしろ》い話が始まる」とプラスに受けとめたらいい。

「引きずらない人」になるには、「意識改革」も必要です。人間関係ってむずかしい。誰もが悩みます。相手の気持ちがわからず、心がすれ違う悩みは、職場や家庭で尽《つ》きませんでした。私自身、女性をよくわかっていませんでした。「花まる学習会」を起《た》ちあげ、その後お母《かあ》さん学級を始めましたが、お母さんたちに話をしてもどこか通じていない。そんな感覚がずっとありました。あるとき、アルバイトの女性から「高濱さんはどうせ口だけ。私、わかってますから」とグサリと言われました。スタッフを大切にしてきたつもりなのになぜ、と愕然《がくぜん》としました。

でもこのとき落ち込むのではなく、学ぶチャンスをもらったと受けとめました。自分は女性がまったくわかっていない。このクイズをどう解くか。理屈《りくつ》ばかり振《ふ》り回《まわ》す自分を変えることから始めました。

どんなことも前向きに受けとめる

十年近くかかってわかったのは、女性と男性では相手に求めるものが全然違うということ。要するに「異性はまったく違う生き物」なのです。だからお母さん

方には、「夫は犬だと思えばいい」と言います。きつい表現ですが、同じ人間だからわかりあえるはずと思うと、相手に怒《おこ》ったりイライラしたりしてしまいます。でも、「まったく違う生き物」と思えば、そんな感情も消えます。夫が犬（夫からみれば妻が猫《ねこ》）と思えば、「そうだ、犬（猫）なんだ」と割りきれ、楽になる。すると、むしろお互《たが》いの理解も深まります。これは、異性の壁《かべ》に限りません。ちょっとした意識改革で、人間関係は大きく変わるのです。

人生を楽しむ秘訣《ひけつ》は、どんなことでも前向きに受けとめて踏《ふ》み出《だ》すことです。わが息子《むすこ》は生後半年で脳性マヒと診断《しんだん》され、大きな障害をもっています。これをネガティブにみる人もいます。効率優先の視点からだけみれば、そうかもしれない。でも、私はマイナスととらえたことはまったくありません。いつもニコニコ、笑顔で輝《かがや》いている彼のお陰《かげ》で、逆に計りしれない力をもらっています。どんな状況になっても、「それはそれでやる」と心すること。それが、「引きずらない人」になり、人生を満喫《まんきつ》するコツです。

高濱正伸◎1959年、熊本県生まれ。東京大学・同大学院卒業。'93年に学習塾「花まる学習会」を設立。野外体験を重視するなど独特の教育理念や学習法が話題を呼び、多数のテレビ番組に出演。母親向けの講演会も人気。近著に『子育ては、10歳が分かれ目。』(PHP研究所)がある。

「感情整理」で心を楽に

アズ直子《なおこ》
（有限会社アズ代表取締役社長）

アスペルガーの妻で母で社長です

私は横浜市在住の小さな会社の経営者。一児の母でもあります。そして「ADD（注意欠陥《けっかん》障害）の傾向《けいこう》の強いアスペルガー症候群《しょうこうぐん》」という診断《しんだん》を受けている、大人の発達障害者です。アスペルガーですが、妻で母で社長という立場で、

生きづらさを軽くする方法を全国の学校や企業《きぎょう》でお話ししています。

「片づけられない」「時間を守れない」「お金の管理が苦手」など、必要な生活習慣や社会のルールが身につかない。また「空気が読めない」とよく表現されますが、人間関係の構築《こうちく》もとても苦手です。人の気持ちを想像することができず、相手を傷つける言葉を度々《たびたび》ぶつけてしまう。曖昧《あいまい》な表現や比喩《ひゆ》を理解できず、言われたことも言葉どおりにうのみにしてしまう。コミュニケーションをうまくとることができません。

そんなことから、学校でも集団生活になじめず、社会に出てからも職を転々としていました。家族ともうまくいかない、友達《ともだち》や仲間もできない孤独《こどく》をずいぶん味わいました。

物心ついた頃からのそうした悩みが、実は性格や育てられ方のせいではなく、生まれつきの脳の機能不全によるものだったと、大人になってからの検査で分かり、現在は様々な対策をしながら社会参加をしています。知的障害を伴《ともな》わない障害のため、発見が遅《おく》れることもあり、学校や会社にも実は私と同じ原因で苦しんでいる人がたくさんいるのだそうです。

生きづらさを抱えているためにネガティブになりがちで、体質的にも鬱《うつ》病や睡《すい》眠《みん》障害などの二次障害を起こしやすい。そんな私には日々、自分の感情が穏《おだ》やかであるように工夫《くふう》をすることは欠かせないケアとなっています。

健康管理や新しい道具の活用など、様々な工夫を重ねる中で、ひとつ「言葉」

に気遣うことで、自分の心がこれほどに落ち着き、周囲の人もどんどん変わっていくという発見はとても大きなものでした。

ちょっとした言葉がけで変化が

家族の介護《かいご》がきっかけで、私は介護を学び、二年間老人介護施設《しせつ》で働いた経験があります。

施設で迎《むか》えるのは、病気や障害のために体が不自由で痛みもある高齢者《こうれいしゃ》。高次機能障害や認知症《にんちしょう》のために感情のコントロールができない人もいます。そんな現場では医療《いりょう》や専門的なケアだけではなく、ちょっとした声かけでも利用者の心が落ち着くように様々な配慮《はいりょ》がされています。

たとえば、「誰も分かってくれる人がいない」と嘆《なげ》く人がいたときに、「なんてつまらないことを言う嫌《いや》な人だろう」という受け止め方をすれば、自分の心は荒《あ》れ、相手の方にも優《やさ》しい対応をすることができなくなります。

この方は人の理解や応援《おうえん》を感じることができない強い孤独に苦しんでいるのだなと理解し、「いつも見ています」「いつも応援しています」と、ひとりではないことを実感してもらえる言葉をかければ、自分も冷静でいられ、相手の方の心も穏やかに変わります。

自分自身への言葉がけで、積極的に変わることもできます。気後《きおく》れなどでなかなか行動を起こすことができないときに、「もう準備は全部できた！」と心で宣言することで、するべきことを先延ばしにせず、まずはやってみるというチャレンジができるようになります。どんなに努力をしてもうまくできないこともあります。自分が嫌《きら》いになることもありますが、「もうダメだ」とは言わずに、「いつかきっとうまくいく」と言い換《か》えて希望を残せば、自暴自棄《じぼうじき》になることはありません。

こうした工夫を私なりに「感情整理の方法」とまとめ、お伝えしています。誰でも安全にお金もかけずにでき、そして効果は絶大ですから、学校や障害者施設、家庭でもどんどん実践《じっせん》してもらうことができるのです。

一日の終わりに、どんなに嫌なことがあっても「今日はいい日だった」とつぶやいてみてください。それでその日の意味が変わり、人生が楽しく豊かなものになっていくのです。

アズ直子◎1971年、東京都生まれ。東京学芸大学教育学部卒業。輸送会社、外資系商社などを経て有限会社アズを設立。発達障害を持つ経営者として執筆や講演を行なっている。著書に『アスペルガーですが、妻で母で社長です。』（大和出版）などがある。

ある雨の日の想い出

澁澤幸子《しぶさわさちこ》（作家・トルコ研究家）

イスタンブールの奥さん

毎年、取材と楽しみを兼《か》ねてトルコに出かけ、カメラを片手にイスタンブールを歩きまわっている。

もう十年余も前になるが、イスタンブールの街はずれで、私は忘れられない体験をした。

セリミエ・モスクの遠景を撮《と》り終えたとき、突然《とつぜん》、雨が降り出した。雨宿りできるところなどない。雨はみるみる激しくなってきた。カメラをジャンパーの下に入れて走りだそうとしたとき、「アーブラ（おねえさん）」と呼ばれた。すぐ目の前のアパートから飛び出してきた中学生くらいの女の子が、ぎこちないが、はっきりした英語で言った。

「お母さんがおねえさんを呼んでこいって言うの。雨が降り出したから」

女の子が指差す三階の窓から、母親らしい人が笑顔で手を振《ふ》っている。雨宿りをしていけということらしい。

女の子について階段を昇《のぼ》った。居間の窓辺に、編みかけのレースを手に、四十歳《さい》くらいの女性がすわっていた。彼女は近所の友だちでも迎《むか》えるように、まったく自然に「どうぞ」と言って、にっこりした。見ず知らずの外国人をすんなりと居間に入れてしまうなんて、私たちの常識では考えられない。奥《おく》さんは私をすわらせてから、ゆっくり立ち上がった。

「雨が止《や》むまでチャイ（お茶）を飲んでいらっしゃいね」

私がチャイをいただいている間も、奥さんは話しながらレースを編みつづけている。

「この子は英語が上手《じょうず》でしょ。私はだめ。あなた、主人が帰るまでいらっしゃいよ。主人は英語話すわ。晩ご飯食べていけばいいじゃない」

「ありがとう。小降りになったら失礼します。なにを編んでいらっしゃるの？」

「これね、カーテンの裾《すそ》にぐるっとつけようと思ってるの。まだ半分も編めてないけど」

奥さんは細長いレースを広げて見せてくれた。あと何日、何カ月かかるのだろう。悠々《ゆうゆう》たるスローライフ。

「あなた、おなか空《す》いてるんじゃない？」

と突然、奥さんが言った。

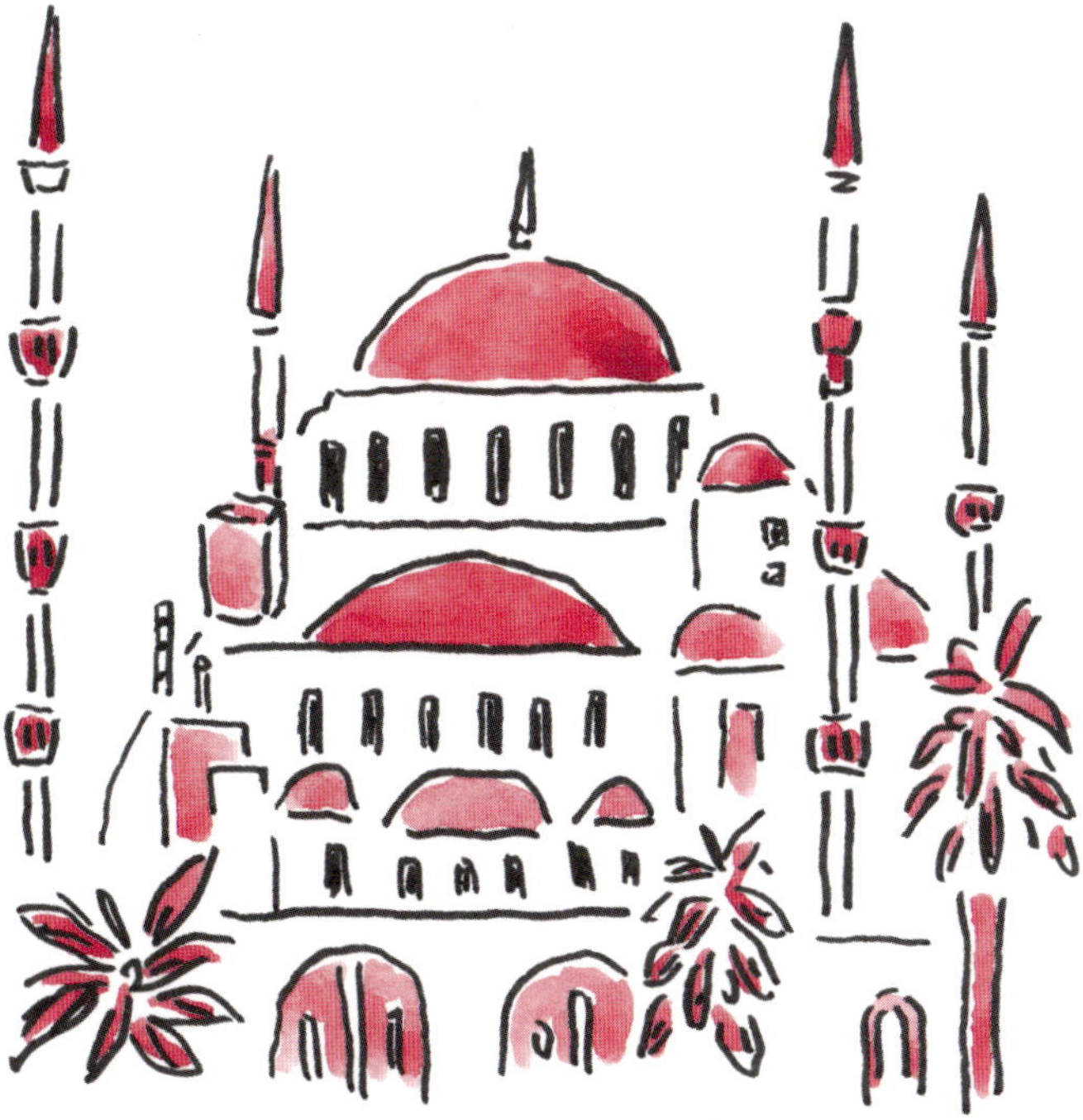

「いえ、もう失礼しますから」

「もう少し小降りになるまでお待ちなさいよ」

奥さんはキッチンに立つと、パンとオリーブとチーズと蜂蜜《はちみつ》を載《の》せたお盆《ぼん》を持ってきた。

雨が小降りになったとき、私は辞去した。「また遊びにいらっしゃいね」と奥さんは、レース編みをつづけながら言った。

アパートを出て歩き出すと、女の子がビニール傘《がさ》を持って追いかけてきた。

「この傘、返さなくていいから持ってって」

ゆったりと、自然に

煙《けむ》るような夕暮れの小雨の中を、私は夢を見ているような気分で歩いた。アタチュルク橋も、ガラタ橋も霞《かす》んで見えたのは、夕闇《ゆうやみ》のためばかりではなかった。

私もあの奥さんのように、ゆったりと、自然に生きたいものだと思った。他人に対する優《やさ》しさも、あの心の余裕《よゆう》から生まれてくるのだろう。

チャイをいただき、ご家族の写真を拝見《はいけん》して「お幸せそうね」と言ったら、奥さんは「ええ、とっても」と答えて、お茶目っぽく笑った。「心に余裕がある人」「人生を楽しめる人」とは、まさにこの奥さんではないか。

昨夏の断食月《だんじき》もイスタンプールで過ごしたが、公園や緑地で家族そろって断食明けの夕食を楽しむ人々の姿を見て、この人たちは人生の楽しみかたを知っているると思った。手づくりのご馳走《ちそう》を前に、モスクから断食明けのエザーン※が流れてくるのを待つ人々の活《い》き活きとした顔。カメラを向けると、「ここにおすわり。いっしょに食べましょう」と声をかけてくれる。そんなことばが自然に出てくる人々をすばらしいと、私は思う。

毎年、トルコを訪《おとず》れるたびに、そこに暮らす人々から「心に余裕のある生きかた」「人生の楽しみかた」を教えられるのである。

※イスラム教における礼拝の時間を知らせる呼び掛けのこと。

澁澤幸子◎東京都生まれ。津田塾大学英文学科卒業。1981年から現在まで、足繁くトルコ訪問を続けながら、トルコとその周辺に材をとった旅行記、歴史物語、評論などを執筆している。著書に『だから、イスタンブールはおもしろい―歴史的多民族都市の実感的考察』（藤原書店）など多数。

小さな幸せを探してみよう

ひすいこたろう（作家）

僕《ぼく》のデビュー作は、『3秒でハッピーになる 名言セラピー』というタイトルです。

「3秒でハッピーになれるわけがない」ってよく言われます。でも、僕自身が、不幸から一転、3秒でハッピーになったことがあるんです。

かつて、妻と離婚《りこん》したい時期がありました。そのことで悩《なや》んでいたときに、心理学博士の小林正観《こばやしせいかん》さんの講演に参加したのです。そこで、僕の人生に革命が起きたのです。

その話をする前に、まず、僕の妻の話をさせていただきますね。処女作『3秒でハッピーになる 名言セラピー』が刷り上がったときに、僕はうれしくて、うれしくて、真っ先に妻にプレゼントしました。すると、妻はペラペラとページをめくり、ひとこと、こう感想を述べたんです。

「ねえ、これ、ありがちじゃない?」

これ、衝撃的《しょうげきてき》な発言じゃないですか?

まだまだあるんです。このデビュー作がベストセラーになり、続編が出ることになり、また見本が届いたときも僕は真っ先に妻にプレゼントしました。すると、妻はページをペラペラとめくり今度はこう言ったんです。

「ひすいこたろう、終わったな~」

ありえないですよね? 残念ながら、さらにあるんです。僕の本がインターネット書店のアマゾンで、総合部門で一位になったときのことです。僕は妻にパソコンの画面を見せて、「見て見て。おれ、いま一位！　ジャニーズの写真集を抜《ぬ》いて一位だから」と興奮《こうふん》して伝えました。すると、妻はこう言ったんです。

「あんたが何位になろうが、家庭じゃ最下位でしょ？」

これが、ザ、ひすいこたろうの妻です。

もし、これがあなたのパートナーだったら、どうでしょうか？　普通《ふつう》、ケンカになりますよね？

考え方で目の前の状況が一変する

そんな妻に対して、僕は、どう反応しているかというと、

「酷《ひど》すぎる！　もうお前となんか暮らせないっ！」

きっと、正観さんの話を聞く以前の僕だったら、そう言っていたでしょうね。

でも、これらのことは、正観さんの話を聞いたあとだったので、妻にそんなふう

に言われても、「おまえ、ほんと、コメント面白《おもしろ》いよね」って妻と笑い合えているんです。

正観さんは講演でこうおっしゃったんです。

「人間は、けなされてばかりだと枯《か》れてしまいますが、誉《ほ》められてばかりでも天狗《てんぐ》になってしまう。理想的なのは50％―50％のとき。そして、実は人間はどんな人でも、自分への賞賛が50％、自分への批判が50％になっている」というのです。

僕は、この日、正観さんの講演は初めてだったので、「あ、この先生間違《まちが》っている」って思いました。というのは、僕は、その頃《ころ》、広告をつくるコピーライターとしての仕事が絶好調で、褒《ほ》められることが多く、批判が50％あるとはとても思えなかったからです。すると、正観さんはこう続けました。

「この話をすると、それは間違っていますと必ず言う人がいます」

うん。だって間違ってるもん。僕は思いました。ところが……。

「そういう人は逃げられないところに痛烈《つうれつ》にあなたを批判してくれる人がいるはずです。例えば……奥《おく》さまとか」

！！！

この瞬間《しゅんかん》、僕の天地がひっくりかえりました。50％―50％。これは人数のことじゃなくて、総量なんだそうです。たとえば、自分を賞賛してくれる人が十人いて、批判者が一人いるとすると、このたった一人の批判者がものすごい批判をしてくれるんだそうです。で、その一人はたいてい自分が避《さ》けて通れない場所に存在しているのだとか。そう、家庭とか職場です。

ここで僕は気づいたわけです。僕が仕事で褒められることが多いのは、妻が強力に僕を批判してくれていたおかげだったんだと。たった一人で僕のために孤軍《こぐん》奮闘《ふんとう》してくれていたのかって。そう思ったら、

「辛口《からくち》な妻よ、いつも僕をけなしてくれてありがとう」

僕は思わず妻を抱《だ》きしめそうになりました（笑）。

実は、それからほとんどケンカがなくなったんです。初めての本に妻から「これ、ありがちじゃない？」と言われたときも、「お前らしいな」と僕は笑うことができました。僕が笑えば彼女も笑う。お互《たが》いにケンカにならなくなったのです。

あなたの心が人生を決める

同じ現象に対しても、見方が変われば、そこでわきあがる感情が変わります。感情が変わると言動が変わり、人生が変わるんです。

現実が人生を決めるんじゃないんです。心が人生を決めるのです。

だから、どんなときも楽しめる。

あなたの「見方」ひとつで世界を「味方」にできるのです。

例えば、ラクしようと思うから、思い通りにいかない現実に不平、不満がでて

くるんです。ラクしようとするのではなく、「成長しよう」って思えば、問題が起きれば起きるほど成長の糧《かて》になるので、人生の向き合い方がまったく変わってきます。

人生には二種類の時間しかないんです。うれしいときは幸せな時。苦しいときは学んでる時、成長してる時なんです。ご飯がおいしく感じるのは、空腹の時間があったからです。どちらもあって豊かな人生です。

まずは、寝《ね》る前に今日幸せだったことを三つ探して寝ることにしましょう。焼きそばがおいしかったなど、どんなに小さなことでもいい（焼きそばはひすいの大好物です）。

毎日小さな幸せを見つける習慣をつけると、どんなことの中にも光を見出《みいだ》せるようになってきます。成長とは大きくなることではなく、小さな幸せに気づけるようになることをいうのです。

ちなみに、小林正観さんはご主人を「隣《となり》のおじさん」だと考えてみようと提案されていました。隣のおじさんが、毎月、稼《かせ》いだお金を届けてくれたら、ものすごく有《あ》り難《がた》いですよね？（笑）。

ひすいこたろう◎「視点が変われば人生が変わる」をモットーに、ものの見方を追求。日本メンタルヘルス協会の衛藤信之氏から心理学を学び、心理カウンセラー資格を取得。『あした死ぬかもよ？』『あなたの人生がつまらないと思うんなら、それはあなた自身がつまらなくしているんだぜ。』（ともにディスカヴァー・トゥエンティワン）、『ものの見方検定』（祥伝社）などのベストセラーがある。

心の健康の育て方

斎藤《さいとう》 環《たまき》（精神科医、筑波大学教授）

日々を健《すこ》やかに過ごしたいと誰もが願っています。しかし、そもそも「健やか」とか「健康」とは何か、となると答えるのが難しい。

医学はこれまで、病気の原因を追及《ついきゅう》することに汲々《きゅうきゅう》としてきました。たとえば感染症《かんせんしょう》の原因は細菌《さいきん》やウイルスですね。ならば、そうした原因を叩《たた》けば健康は回復できる。これに限らず、病因をつきとめて取り除くことが伝統的な医学の考え方でした。

心の病にもこの考え方は応用されました。有名なのは「トラウマ（心の傷）」でしょう。トラウマの問題を解消することで、こころの問題を改善できる。これはある程度事実ですが、一〇〇％確実なわけでもありません。

近年、若い世代を中心に、「新型うつ」と呼ばれる問題が広がっています。小さなストレスを理由に無断欠勤したり、医者から診断《しんだん》書を取ってきては何度も休職を繰り返したりするような若者です。ストレスが原因とわかってはいても、どんな仕事にもストレスはつきものですから、それを完全になくすというわけにもいきません。メンタルヘルスの問題の多くが、日常的なストレスから生ずるようになった昨今、もはや精神医療《いりょう》も、原因論ばかりでは十分とは言えません。

医療社会学者A・アントノフスキーは、アウシュビッツから生還《せいかん》した人たちの健康状態を調査し、あの極限のストレスにさらされながらも、およそ三割の人々が健康的に生活していることを見出《みいだ》しました。人間の尊厳を剥奪《はくだつ》され、生命の危険におびえながらも、その経験を糧《かて》として、たくましく生き延《の》びた人々が少なからず存在したのです。

もちろん強制収容所の経験は、トラウマ的な体験として、多くの人のPTSDやうつ状態の原因にもなっています。同じ経験によって病《や》む人もいれば、かえって健康になる人もいる。この違いは何によるのでしょうか。

アントノフスキーは、健康に生き延びた人たちが共通して持っている特性として「SOC（首尾一貫《いっかん》感覚）」に注目しました。つまり、SOCが高いことは、「疾病《しっぺい》生成」ならぬ「健康生成」において大きな意義を持っていたのです。

「わかる」「できる」「意味がある」

それでは、SOCとはどんなものなのでしょうか。近年、SOCには三つの要素があると言われています。すなわち「理解可能感」「処理可能感」「有意義感」です。

「理解可能感」とは、自分のおかれている状況《じょうきょう》を一貫性のあるものとして理解し、説明や予測が可能であるとみなす感覚のことです。実際に予測や説明が一〇〇%可能とは限らなくても、そう「感じられる」ことが大切です。

「処理可能感」とは、少々困難な状況に陥《おちい》っても、それを解決し先に進めるだけの能力が自分にはそなわっている、という感覚のことです。問題は、いつも自分一人だけで解決するとは限りません。「どうしようもなければ誰かが助けてくれるだろう」という期待もここに含《ふく》まれるのです。

「有意義感」とは、いまやっていることが、自分の人生にとって意義のあることであり、時間や労力など、一定の犠牲《ぎせい》を払《はら》うにあたいすることであるという感覚です。必ずしもその「意義」をはっきり説明できなくても構いません。ある種の感情や信念のもとでは、「いずれその意義がはっきりするに違いない」という感覚もまた、「有意義感」に含まれるでしょう。

おわかりのように、いずれも厳密には根拠《こんきょ》のない自信であり、この「世界」に対する基本的信頼感《しんらい》でもあります。

SOCが形成される上では、子ども時代の養育環境《かんきょう》がとても大きな意味を持ちます。では、不幸な生い立《おた》ちゆえに十分なSOCが形成されなかった人はどうしようもないのでしょうか。そんなことはありません。SOCは、生涯《しょうがい》にわたり発達し成熟していく感覚とみなされています。つまり日常生活の習慣を少し工夫することでも、SOCを高めることは十分に可能なのです。

「心の健康力」を高める秘訣

私は精神科医として、こうした「一貫性」の感覚が、治療上もとても重要であると感じています。ここから先は、やや私見をまじえながら、どうすればSOCを高めることが出来るかについて考えてみたいと思います。

まず言えることは、さまざまな状況において、自分自身で判断し、自ら方向性

を選択《せんたく》するように意識することです。ただし「なんでも自分で決める」という意味ではありません。積極的に行くか、流れに任せるかの選択も含めて意識的に行なう、という意味です。

　こうした選択の場面では、許容できる範囲《はんい》のストレスをひきうけてみることも意味があります。ノーストレスの環境はＳＯＣを低下させ、成長を妨《さまた》げます。自分に可能な範囲をみきわめつつ、積極的に適度なストレスを引き受けていくことは、ＳＯ

Cの向上に大いに貢献《こうけん》するでしょう。

処理可能感については、「記録」が重要になってくると思います。体重を記録するだけでダイエットになるように、自分自身の行動を詳《くわ》しく記録することは、もっとも簡便にやる気を継続《けいぞく》する方法です。継続が大変かも知れませんが、長く続けられれば、確実にSOCを高めてくれることでしょう。

これに関連して言えば、自分の「今」の状態に意識を集中する「マインドフルネス瞑想法《めいそう》」が、有効な治療手段として注目されています。関心のある方は調べてみてもいいでしょう。

私はひきこもり問題を専門に研究してきましたが、彼らの多くはSOCが非常に低い印象があります。ごく小さなストレスからも、大きなダメージを受けてしまうことが多いのです。彼らの回復過程を見てきて、一つはっきり言えることは、SOCを高めるには人間関係が重要であるということです。

親密で安定した人間関係は、SOCを構成する三つの要素を、いずれも高めてくれます。困難な状況、理解不可能な状況も、「困った」「大変だ」と言い合える仲間がいるだけで、乗り越《こ》えやすさは格段に違ってくるでしょう。

孤立《こりつ》したままでSOCを高めることはむずかしい。この感覚は、良好な人間関係のもとでこそ、成熟していく可能性を持ちます。心の健康を保つ秘訣《ひけつ》は、実は身近な人間関係にあったのです。

斎藤 環◎1961年生まれ。臨床医としての勤務を経て現職に。ひきこもりについて多くの診療経験を持つ。批評家としても活躍し、『社会的ひきこもり』（PHP研究所）、『ヤンキー化する日本』（角川書店）など著書多数。

『ＰＨＰ』初出一覧

※本書は、月刊誌『ＰＨＰ』に掲載された記事を再編集し、書籍化したものです。
※本文中の年齢や年数表記等は、一部を除き雑誌掲載時のままです。

- 吉田 羊（2015年７月号）
- 武田双雲（2017年２月号）
- 綾戸智恵（2017年２月号）
- 森下えみこ（2017年２月号）
- 小手鞠るい（2008年１月号）
- 田口弘願（2015年７月号）
- 石原加受子（2008年１月号）
- 夏井いつき（2016年６月号）
- 毒蝮三太夫（2014年11月号）
- 赤江珠緒（2014年11月号）
- 勝本華蓮（2013年10月号）
- 森 浩美（2013年６月号）
- 高濱正伸（2013年６月号）
- アズ直子（2014年６月号）
- 澁澤幸子（2014年６月号）
- ひすいこたろう（2016年６月号）
- 斎藤 環（2014年11月号）

PHPとは

ＰＨＰ研究所は松下幸之助によって1946年に創設されました。ＰＨＰとは、“PEACE and HAPPINESS through PROSPERITY”の頭文字で“物心両面の調和ある豊かさによって平和と幸福をもたらそう”という意味です。お互いが身も心も豊かになって、平和で幸福な生活を送る方策を、人間の本質に照らしつつ、それぞれの知恵と体験を通して提案し考えあう一つの場、それが『ＰＨＰ』誌です。

■装丁：根本佐知子（梔図案室）
■カバーイラスト：宮本ジジ
■本文イラスト：村山宇希、宮本ジジ

＜編集協力＞
若林邦秀
鈴木裕子
辻 由美子
池谷秀一郎
小室彩里
豊田素行

毎日が楽しい人の小さな習慣

2019年1月2日　第1版第1刷発行

編　　者　『ＰＨＰ』編集部
発 行 者　後藤淳一
発 行 所　株式会社ＰＨＰ研究所
東京本部　〒135-8137　江東区豊洲 5-6-52
ＣＶＳ制作部　☎03-3520-9658(編集)
普及部　☎03-3520-9630(販売)
京都本部　〒601-8411　京都市南区西九条北ノ内町11
PHP INTERFACE　https://www.php.co.jp/

制作協力
組　　版　株式会社PHPエディターズ・グループ
印 刷 所　株式会社精興社
製 本 所　東京美術紙工協業組合

ISBN978-4-569-84203-5